AF277361

Reglamento de esclavos
de Cuba

Autores varios

Reglamento de esclavos de Cuba

Barcelona 2026
Linkgua-ediciones.com

Créditos

Título original: Reglamento de esclavos de Cuba.

© 2026, Red ediciones S.L.

e-mail: info@Linkgua-ediciones.com

Diseño de cubierta: Michel Mallard.

ISBN rústica ilustrada: 978-84-9007-413-8.
ISBN ebook: 978-84-9897-382-2.

Cualquier forma de reproducción, distribución, comunicación pública o transformación de esta obra solo puede ser realizada con la autorización de sus titulares, salvo excepción prevista por la ley. Diríjase a CEDRO (Centro Español de Derechos Reprográficos, www.cedro.org) si necesita fotocopiar, escanear o hacer copias digitales de algún fragmento de esta obra.

Sumario

Brevísima presentación

El Reglamento de esclavos de Cuba apareció en un Bando de Gobernación y Policía de la isla de Cuba. Expedido por Gerónimo Valdés, presidente, gobernador y capitán general. Fue publicado por la Imprenta del Gobierno y Capitanía General por S. M., La Habana, 14 de noviembre de 1842, págs. 59-68.

Reglamento de esclavos de Cuba

La Habana, 1842

Artículo 1.° Todo dueño de esclavos deberá instruirlos en los principios de la Religión Católica Apostólica Romana, para que puedan ser bautizados, si ya no lo estuvieren; y en caso de necesidad les auxiliará con el agua de socorro, por ser constante que cualquiera puede hacerlo en tales circunstancias.

Artículo 2.° La instrucción a que se refiere el artículo anterior deberá darse por las noches, después de concluido el trabajo, y acto continuo se les hará rezar el rosario o algunas otras oraciones devotas.

Artículo 3.° En los domingos y fiestas de ambos preceptos, después de llenar las prácticas religiosas, podrán los dueños o encargados de las fincas emplear la dotación de ellas, por espacio de dos horas, en asear las casas y oficinas, pero no más tiempo, ni ocuparlos en las labores de la hacienda, a menos que sea en las épocas de recolección, o en otras atenciones que no admitan espera; pues en estos casos trabajarán como en los días de labor.

Artículo 4.° Cuidarán bajo su responsabilidad que a los esclavos ya bautizados, que tengan las edades necesarias para ello, se les administren los santos sacramentos, cuando lo tienen dispuesto la Santa Madre Iglesia, o sea necesario.

Artículo 5.º Pondrán el mayor esmero y diligencia posible en hacerles comprender la obediencia que deben a las autoridades constituidas, la obligación de reverenciar a los sacerdotes, de respetar a las personas blancas, de comportarse bien con las gentes de color, y de vivir en buena armonía con sus compañeros.

Artículo 6.º Los amos darán precisamente a sus esclavos de campo dos o tres comidas al día, como mejor les apetezca, con tal que sean suficientes para mantenerlos y reponerlos de sus fatigas; teniendo entendido que se regula como alimento diario y de absoluta necesidad para cada individuo seis u ocho plátanos, o su equivalente en boniatos, ñames, yucas y otras raíces alimenticias, ocho onzas de carne o bacalao, y cuatro onzas de arroz u otra menestra o harina.

Artículo 7.º Deberán darles también dos esquifaciones al año en los meses de diciembre y mayo, compuestas cada una de camisa y calzón de coleta o rusia, un gorro o sombrero y un pañuelo; y en la de diciembre se les añadirá, alternando un año, una camisa o chaqueta de bayeta, y otro año una frazada para abrigarse durante el invierno.

Artículo 8.º Los negros recién nacidos o pequeños, cuyas madres vayan a los trabajos de la finca, serán alimentados con cosas muy ligeras, como sopas, atoles, leche u otras semejantes, hasta que salgan de la lactancia y de la dentición.

Artículo 9.º Mientras las madres estuvieren en el trabajo, quedarán todos los chiquillos en una casa o habitación, que deberá haber en todos los ingenios o cafetales, la cual estará al cuidado de una o más negras, que el amo o mayordomo crea necesarias, según el número de aquéllos.

Artículo 7.º Si enfermasen durante la lactancia, deberán entonces ser alimentados a los pechos de sus mismas madres, separando a éstas de las labores o tareas del campo, y aplicándolas a otras ocupaciones domésticas.

Artículo 11. Hasta que cumplan la edad de tres años deberán tener camisillas de listado, en la de tres a seis podrán ser de coleta; a las hembras de seis a doce se les darán sayas o camisas largas, y a los varones de seis a catorce se les proveerá también de calzones, siguiendo después de estas edades el orden de las demás.

Artículo 12. En tiempos ordinarios trabajarán los esclavos de nueve a diez horas diarias, arreglándose el amo del modo que mejor le parezca. En los ingenios durante la zafra o recolección serán dieciséis las horas de trabajo, repartidas de manera que se les proporcionen dos de descanso durante el día, y seis en la noche, para dormir.

Artículo 13. En los domingos y fiestas de ambos preceptos, y en las horas de descanso los días que fueren de labor, se permitirá a los esclavos emplearse dentro de la finca en manufacturas u ocupaciones que cedan en su personal beneficio y utilidad, para poder adquirir peculio y proporcionarse la libertad.

Artículo 14. No podrá obligarse a trabajar por tareas a los esclavos varones mayores de sesenta años o menores de diecisiete, ni a las esclavas, ni tampoco se empleará ninguna de estas clases en trabajos no conformes a su sexo, edades, fuerzas y robustez.

Artículo 15. Los esclavos que por su avanzada edad o por enfermedad no se hallen en estado de trabajar, deberán ser alimentados por los dueños, y no podrán concederle la libertad para descargarse de ellos, a no ser que les provean de peculio suficiente a satisfacción de la justicia, con audiencia del Procurador Síndico, para que puedan mantenerse sin necesidad de auxilio.

Artículo 16. En toda finca habrá una pieza segura destinada para depósito de los instrumentos de labor, cuya llave no se confiará jamás a ningún esclavo.

Artículo 17. Al salir para el trabajo se dará a cada esclavo el instrumento de que haya de servirse en la ocupación del día, y tan luego como regrese se le recogerá y encerrará en el depósito.

Artículo 18. No saldrá de la hacienda esclavo alguno con ningún instrumento de labor, y menos con armas de cualquier clase, a no ser que fuera acompañando al amo o mayordomo, o a las familias de éstos, en cuyo caso podrá llevar su machete, y no más.

Artículo 19. Los esclavos de una finca no podrán visitar a los de otra sin el consentimiento expreso de los amos o mayordomos de ambas; y cuando tengan que ir a finca ajena o salir de la suya llevarán licencia escrita de su propio dueño o mayordomo, con las señas del esclavo, fecha del día, mes y año, expresión del punto a que se dirijan y término porque se les ha concedido.

Artículo 20. Todo individuo de cualquier clase, color y condición que sea, está autorizado para detener al esclavo que encuentre fuera de la casa o terrenos de su amo, si no le presenta la licencia escrita que debe llevar, o presentándola advierte que ha variado notoriamente el rumbo o dirección del punto a que debía encaminarse, o que está vencido el término por el cual se le concedió; y le deberá conducir a la finca mas inmediata, cuyo dueño le recibirá y asegurará, dando aviso al amo del esclavo si fuere del mismo partido, o al pedáneo para que oficie a quien corresponda, a fin de que pueda ser recogido el fugitivo por la persona a quien pertenezca.

Artículo 21. Los dueños o mayordomos de fincas no recibirán gratificación alguna por los esclavos prófugos que aprehendieren o les fueren entregados a virtud de lo dispuesto en el artículo anterior, en atención a ser un servicio que recíprocamente se deben prestar los hacendados y redunda en su privativa utilidad.

Los demás aprehensores serán remunerados por el amo del esclavo con la cuota de cuatro pesos, señalada por la captura en el reglamento de cimarrones.

Artículo 22. Tendrá el amo que satisfacer además los gastos de alimentos, curación si hubiere sido necesario hacerla, y los demás que previene el mismo reglamento de cimarrones.

Artículo 23. Permitirán los amos que sus esclavos se diviertan y recreen honestamente los días festivos después de haber cumplido con las prácticas religiosas; pero sin salir de a finca, ni juntarse con los de otras, y haciéndolo en lugar abierto y a vista de los mismos amos, mayordomos o capataces, hasta ponerse el Sol o toque de oraciones, y no más.

Artículo 24. Se encarga muy particularmente a los dueños y mayordomos la más exacta vigilancia para impedir el exceso en la bebida y la introducción en las diversiones de los esclavos de otra finca y de otros hombres de color libres.

Artículo 25. Los amos cuidarán con el mayor esmero de construir para los esclavos solteros habitaciones espaciosas en punto seco y ventilado, con separación para los dos sexos, y bien cerradas y aseguradas con llave, en las cuales se mantendrá una luz en alto toda la noche; y permitiéndoselo sus facultades harán una habitación aislada para cada matrimonio.

Artículo 26. A la hora de retirarse a dormir (que en las noches largas será a las ocho, y en las cortas a las nueve) se pasará lista a los esclavos, para que no queden fuera de su habitación sino los guardieros, de los cuales uno deberá destinarse para vigilar que todos guarden silencio y dar parte inmediatamente al amo o mayordomo de cualquier movimiento de los mismos compañeros; de las gentes que llegaren de fuera, o de cualquier otro acaecimiento interesante que ocurriere.

Artículo 27. Así mismo habrá en cada finca una pieza cerrada y asegurada con la división oportuna para cada sexo, y otras dos, además, para los casos de enfermedades contagiosas, donde serán asistidos los esclavos que cayeren enfermos por facultativos en los casos graves, y por enfermeros y enfermeras en los males leves, en que solo se necesita de remedios caseros; pero siempre con buenas medicinas, alimentos adecuados y con el mayor aseo.

Artículo 28. Los enfermos, a ser posible, serán colocados en camas separadas, compuestas de un jergón, estera o petate, cabezal, manta y sábana, o en un tablado que preste el desahogo suficiente para las curaciones de los individuos que en él se reúnan, pero siempre en alto.

Artículo 29. Los dueños de esclavos deberán evitar los tratos ilícitos de ambos sexos, fomentando los matrimonios; no impedirán el que se casen con los de otros dueños, y proporcionarán a los casados la reunión bajo un mismo techo.

Artículo 30. Para conseguir esta reunión, y que los cónyuges cumplan el fin del matrimonio, seguirá la mujer al marido, comprándola el dueño de éste por el precio en que se conviniere con el de aquélla, y si no, ajusta tasación por peritos de ambas partes, y un tercero en caso de discordia; y si el amo del marido no se allanare a hacer la compra tendrá acción el amo de la mujer para comprar al marido. En el evento de que ni uno ni otro dueño se hallare en disposición de hacer la compra que le incumba, se venderá el matrimonio esclavo reunido a un tercero.

Artículo 31. Cuando el amo del marido comprare la mujer, deberá comprar también con ella los hijos que tuviere menores de tres años, en razón a que según derecho, hasta que cumplan esa edad, deben las madres nodrescerlos y criarlos.

Artículo 32. Los amos podrán ser obligados por las justicias a vender sus esclavos cuando les causen vejaciones, les den mal trato, o cometan con ellos otros excesos contrarios a la humanidad y racionales modos con que deben tratarlos.

La venta se hará en estos casos por el precio que tasaren peritos de ambas partes, o la justicia, en el caso de que alguno de ellos rehusare hacer nombramiento, y un tercero en discordia, cuando fuere necesario; pero si hubiere comprador que quiera tomarlos sin tasación por el precio que exija el amo, no podrá la justicia impedir que se haga la venta a su favor.

Artículo 33. Cuando los amos vendan sus esclavos por conveniencia o voluntad propia estarán en libertad de hacerlo por el precio que les acomode, según la mayor o menor estimación en que los tuvieren.

Artículo 34. Ningún amo podrá resistirse a coartar sus esclavos, siempre que se le exhiban al menos cincuenta pesos a cuenta de su precio.

Artículo 35. Los esclavos coartados no podrán ser vendidos en más precio que el que se les hubiere fijado en su última coartación, y con esta condición pasarán de comprador a comprador.

Sin embargo, si el esclavo quisiera ser vendido contra la voluntad de su amo, sin justo motivo para ello, o diere margen con su mal proceder a la enajenación, podrá el amo aumentar al precio de la coartación el importe de la alcabala y los derechos de la escritura que causare su venta.

Artículo 36. Siendo el beneficio de la coartación personalísimo, no gozarán de él los hijos de madres coartadas, y así podrán ser vendidos como los otros esclavos enteros.

Artículo 37. Los dueños darán la libertad a sus esclavos en el momento en que les apronten el precio de su estimación legítimamente adquirido, cuyo precio, en el caso de no convenirse entre sí los interesados, se fijará por un perito que nombre el amo de su parte o, en su defecto, la justicia, otro que elegirá el Síndico Procurador General en representación del esclavo, y un tercero, elegido por dicha justicia, en caso de discordia.

Artículo 38. Ganará la libertad, y además un premio de quinientos pesos, el esclavo que descubra cualquier conspiración tramada por otro de su clase, o por personas libres, para trastornar el orden público.

Si los denunciadores fueren muchos y se presentaren a la vez a hacer la denuncia, o de una manera que no deje la menor duda de que el último o últimos que se hubieren presentado no podían tener idea de que la conspiración estaba ya denunciada, ganarán todos la libertad, y repartirán entre sí, a prorrata, los quinientos pesos de la gratificación asignada.

Cuando la denuncia tuviere por objeto revelar una confabulación, o el proyecto de algún atentado de esclavo u hombre libre contra el dueño, su mujer, hijo, padres, administrador o mayoral de finca, se recomienda al dueño el uso de la generosidad con el siervo o siervos que tan bien han llenado

19

los deberes de fieles y buenos servidores, por lo mucho que les interesa ofrecer estímulos a la lealtad.

Artículo 39. El precio de la libertad y el premio a que se refiere el párrafo primero del precedente artículo serán satisfechos del fondo que ha de formarse de las multas que se exijan por las infracciones de este reglamento o de cualquier otro de los que pertenecen al gobierno.

Artículo 40. También adquirirán los esclavos su libertad cuando se les otorgue por testamento, o de cualquier otro modo legalmente justificado, y procedente de motivo honesto o laudable.

Artículo 41. Los esclavos están obligados a obedecer y respetar como a padres de familia a sus dueños, mayordomos, mayorales y demás superiores, y a desempeñar las tareas y trabajos que se le señalasen, y el que faltare a alguna de estas obligaciones podrá, y deberá, ser castigado correccionalmente por el que haga de jefe en la finca, según la calidad del defecto, o exceso, con prisión, grillete, cadena, maza o cepo, donde se le pondrá por los pies, y nunca de cabeza, o con azotes que no podrán pasar del número de veinticinco.

Artículo 42. Cuando los esclavos cometieren excesos de mayor consideración, o algún delito para cuyo castigo o escarmiento no sean suficientes las penas correccionales de que habla el artículo anterior, serán asegurados y presentados a la justicia para que con audiencia de su amo, si no los entrega a la noxa, o con la del Síndico Procurador, si los entregase o no quisiese seguir el juicio, se proceda a lo que haya lugar en derecho, pero en el caso de que el dueño no haya desamparado o cedido a la noxa el esclavo, y este fuere condenado a la satisfacción de daños y menoscabos a un tercero, deberá responder el dueño de ellos, sin perjuicio de que al esclavo delincuente se le aplique la pena corporal o de otra clase que merezca el delito.

Artículo 43. Solo los dueños mayordomos o mayorales podrán castigar correccionalmente a los esclavos con la moderación y penas que quedan prevenidas, y cualquier otro que lo hiciere sin mandato expreso del dueño, o contra su voluntad, o le causare otra lesión o daño, incurrirá en las penas establecidas por las leyes, siguiéndose la causa, a instancia del dueño, o en su defecto, a instancia del Síndico Procurador, como protector de esclavos, si el exceso no es de aquellos que interesen a la vindicta pública, o de oficio, si fuere de esta última clase.

Artículo 44. El dueño, encargado o dependiente de la finca que deje de cumplir o infrinja cualquiera de las disposiciones contenidas en este reglamento incurrirá por la primera vez en la multa de veinte a cincuenta pesos, por la segunda de cuarenta a ciento, y por la tercera de ochenta a doscientos, según la mayor o menor importancia del artículo infringido.

Artículo 45. Las multas serán satisfechas por el dueño de la finca o persona que fuere culpable de la omisión o infracción, y en caso de no poderlas satisfacer, por falta de numerario, sufrirá un día de cárcel por cada peso de lo que importa la multa.

Artículo 46. Si las faltas de los dueños o encargados de regir la esclavitud en las fincas fueren por exceso en las penas correccionales, causando a los esclavos contusiones graves, heridas o mutilación de miembro, u otro daño mayor, además de las multas pecuniarias citadas, se procederá criminalmente contra el que hubiere causado el daño, a instancia del Síndico Procurador o de oficio, para imponer la pena correspondiente al delito cometido, y se obligará al dueño a vender el esclavo si hubiere quedado útil para el trabajo, o a darle la libertad, si quedase inhábil, y contribuirle con la cuota diaria que señalase la justicia para manutención y vestuario mientras viva el esclavo, pagadera por meses adelantados.

Artículo 47. Las multas se aplicarán en esta forma; una tercera parte de su importe a la justicia o pedáneo que las imponga, y las dos restantes al fondo que ha de formarse en el gobierno político de cada distrito para los casos de que trata el artículo 38, a cuyo fin se entregarán bajo recibo a la secretaría de aquél.

Artículo 48. Los tenientes de gobernador, justicias y pedáneos cuidarán de la puntual observancia de este reglamento, y de sus omisiones o excesos serán inevitablemente responsables.

Libros a la carta

A la carta es un servicio especializado para
empresas,
librerías,
bibliotecas,
editoriales
y centros de enseñanza;
y permite confeccionar libros que, por su formato y concepción, sirven a los propósitos más específicos de estas instituciones.

Las empresas nos encargan ediciones personalizadas para marketing editorial o para regalos institucionales. Y los interesados solicitan, a título personal, ediciones antiguas, o no disponibles en el mercado; y las acompañan con notas y comentarios críticos.

Las ediciones tienen como apoyo un libro de estilo con todo tipo de referencias sobre los criterios de tratamiento tipográfico aplicados a nuestros libros que puede ser consultado en Linkgua-ediciones.com.

Linkgua edita por encargo diferentes versiones de una misma obra con distintos tratamientos ortotipográficos (actualizaciones de carácter divulgativo de un clásico, o versiones estrictamente fieles a la edición original de referencia).

Este servicio de ediciones a la carta le permitirá, si usted se dedica a la enseñanza, tener una forma de hacer pública su interpretación de un texto y, sobre una versión digitalizada «base», usted podrá introducir interpretaciones del texto fuente. Es un tópico que los profesores denuncien en clase los desmanes de una edición, o vayan comentando errores de interpretación de un texto y esta es una solución útil a esa necesidad del mundo académico.

Asimismo publicamos de manera sistemática, en un mismo catálogo, tesis doctorales y actas de congresos académicos, que son distribuidas a través de nuestra Web.

El servicio de «libros a la carta» funciona de dos formas.

1. Tenemos un fondo de libros digitalizados que usted puede personalizar en tiradas de al menos cinco ejemplares. Estas personalizaciones pueden ser de todo tipo: añadir notas de clase para uso de un grupo de estudiantes, introducir logos corporativos para uso con fines de marketing empresarial, etc. etc.

2. Buscamos libros descatalogados de otras editoriales y los reeditamos en tiradas cortas a petición de un cliente.

Printed in Poland
by Amazon Fulfillment
Poland Sp. z o.o., Wrocław

69305505R00018